INHALT

Titel der französischen Ausgabe:
L'imagerie du poney et du cheval
Produced in the E.C.
by *Partenaires-Livres* ®
on SCA paper

Dein buntes Wörterbuch der Pferde und Ponys

Idee
Emilie Beaumont

Text
Marie-Renée Pimont - Patricia Reinig

Illustrationen
Sylviane Gangloff - Colette David -
Lorenzo Orlandi - Milan Illustrations Agency

Aus dem Französischen von Sigrun Kulf

FLEURUS VERLAG, Mainzer Straße 116, 66121 Saarbrücken

PFERDE, PONYS UND IHRE VERWANDTEN

DIE ERSTEN PFERDE

Die ersten Pferde waren ungefähr so groß wie ein Fuchs. Sie lebten vor 50 Millionen Jahren. Damals waren die Dinosaurier schon ausgestorben.

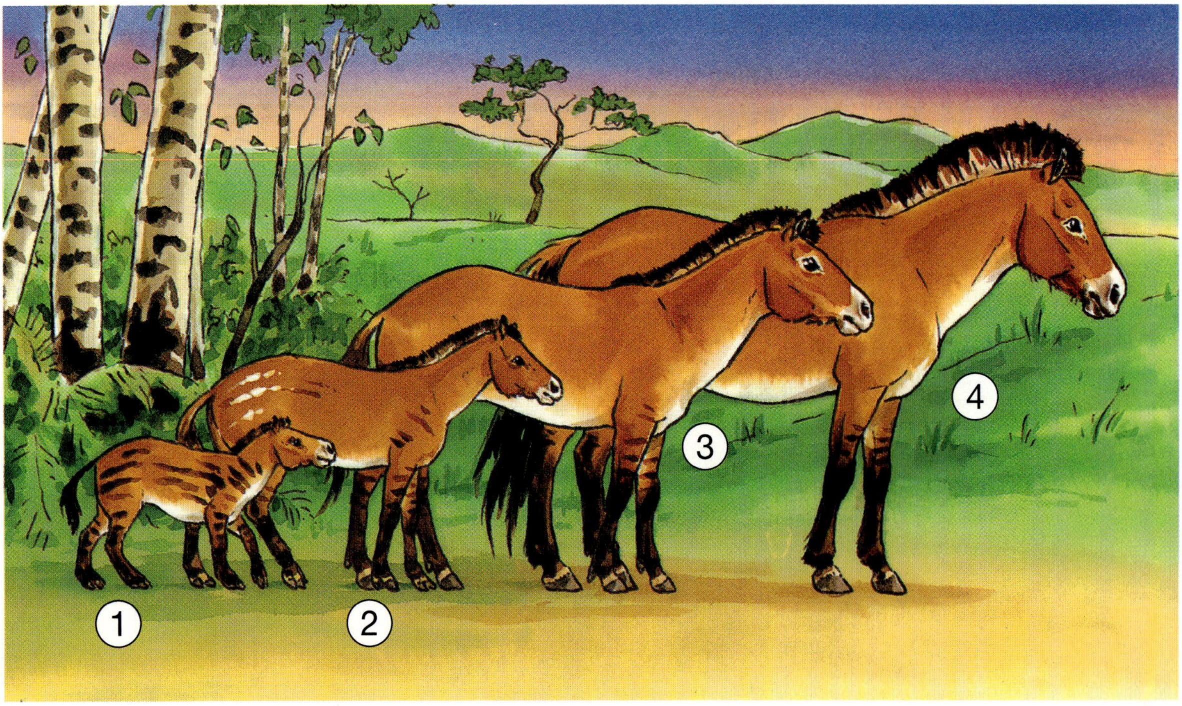

①
Das kleine Eohippus lebte im Wald. Es hatte noch keine Hufe. Seine Füße ähnelten denen einer Katze.

②
Das Mesophippus war schon so groß wie ein Hund.
Es lebte auf den großen Weiden der Steppen.

③
Das Merychippus war so groß, dass es seine Feinde bereits von weitem erkennen konnte.
Es stand auf einem einzigen Zeh.

④
Das Equus erschien vor drei Millionen Jahren. Das starke und schnelle Tier ist der direkte Vorfahre unserer heutigen Pferde und Ponys.

Hinter-beine: 3 Zehen

Vorder-beine: 4 Zehen

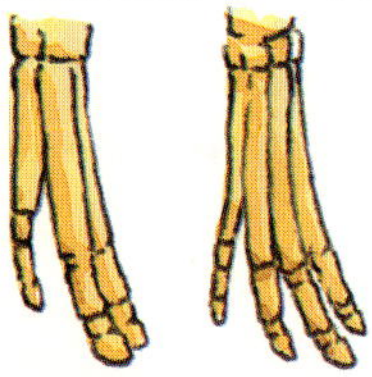

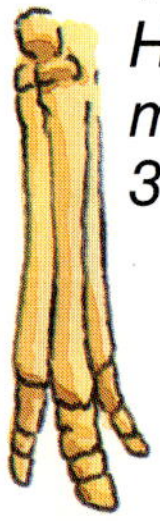

Vorder- und Hinterbeine mit jeweils 3 Zehen

Die zwei kleinen Zehen hatten keine Funktion mehr: Sie verkümmerten.

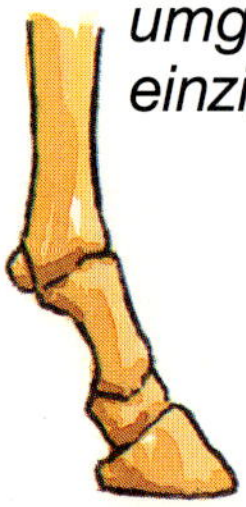

Ein fester Huf umgibt einen einzigen Zeh.

DIE LETZTEN WILDPFERDE

Lange wurden Pferde gejagt. Deshalb starb zum Beispiel der Tarpan aus. Die Przewalski-Pferde sind die letzten echten Wildpferde.

Hier siehst du Koniks. Mit ihrem grauen Fell und dem schwarzen Strich, dem Aalstrich, ähneln sie den Tarpanen, den letzten Wildpferden in Europa. Diese lebten in den Wäldern Seite an Seite mit den Bisons. Weil die Pferde die Felder der Bauern verwüsteten, wurden sie gejagt.

Die asiatischen Przewalski-Pferde sind nach ihrem Entdecker benannt. Auch sie wurden gejagt - nur in den Zoos überlebten sie! Inzwischen konnten einige ihrer Nachkommen wieder in die Freiheit entlassen werden. Die kleinen Pferde sind äußerst lebhaft.

PFERDE IN FREIHEIT: MUSTANGS UND BRUMBIES

Mit den europäischen Siedlern kamen auch Pferde nach Australien und Amerika. Einige entflohen und bildeten wilde Herden.

Mustangs leben in Nordamerika. Diese Herde hier besteht aus einem Hengst, drei Stuten und ihren Fohlen. Schon kurz nach der Geburt folgen die Fohlen der Herde. Droht Gefahr, gibt der Hengst ein Zeichen und alle fliehen.

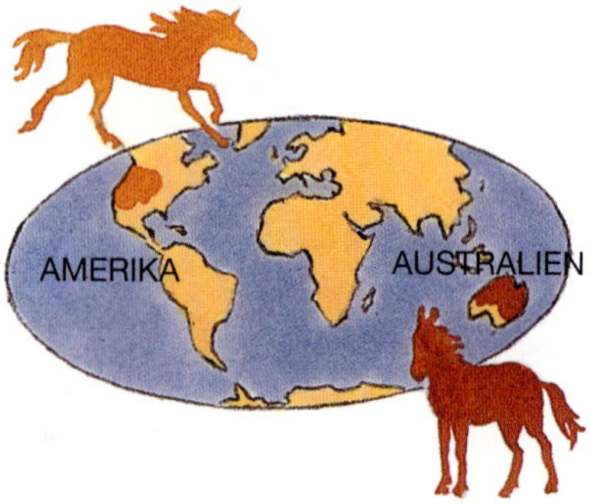

Dieses Pferd ist eine Brumby-Stute. Brumbies leben in riesigen Herden in Australien. Sie richten leider oft großen Schaden auf den Farmen an.
Daher müssen von Zeit zu Zeit Pferde abgeschossen werden.

BEHÜTETE FREIHEIT

Einige Herden leben halbwild in der Natur: Ihr Weideland ist begrenzt, Züchter bewachen die Herden und fangen entlaufene Fohlen ein.

Die dunklen Fohlen der Camargue-Pferde galoppieren neben ihren schneeweißen Müttern her. Später werden auch sie weiß.
Die Pferde der Camargue weiden Sumpfpflanzen ab. Diese schmecken salzig, denn das Meer ist nicht weit entfernt.

Diese Pottiok- und Mérens-Ponys aus Südwestfrankreich verbringen mehrere Monate im Jahr im Freien. In dieser Zeit klettern sie oft hoch ins Gebirge.

① *Pottiok-Ponys gibt es in unterschiedlichen Farben.*

② *Mérens-Ponys sind schwarz und größer.*

EIN SCHWÄTZCHEN!

Den Schrei der Pferde nennt man Wiehern. Ein Pferd verständigt sich aber auch durch Schnauben und Prusten.

Die Stute wiehert - sie ruft ihr Fohlen. Schon kurz nach der Geburt kann das Fohlen seiner Mutter auf die gleiche Weise antworten.

Die beiden Pferde blasen Luft durch die Nüstern, sie schnauben friedlich. An ihrem Geruch haben sie sich wieder erkannt.

Diese beiden kennen sich nicht: Unruhig schlagen sie mit einem Huf auf den Boden.

Pferde zeigen durch ihr Verhalten und ihre Laute, ob sie zufrieden oder wütend sind, oder auch, ob sie Angst haben.

KÖRPERPFLEGE

Pferde lieben die Körperpflege, denn dabei entspannen sie sich. Befreundete Pferde liebkosen sich oft!

Mit den Zähnen kraulen sich die Pferde gegenseitig einen Teil des Rückens, den Widerrist. Diese Art der Fellpflege genießen sie sehr.

Dieses Pferd wälzt sich im Staub. So kratzt es sich den Rücken.

Mit dem Schweif lassen sich die lästigen Fliegen gut vertreiben!

DAS AUFBÄUMEN

Im Kampf stellt sich das Pferd auf die Hinterbeine: Es steigt. So wirkt es größer und stärker. Auch im Spiel steigen Pferde.

Die Hinterbeine sind gespreizt - so kann das Pferd das Gleichgewicht besser halten. Mit den Vorderhufen kann es jetzt schlagen.

Der beste Schutz vor Feinden bleibt jedoch die Flucht. Nur wenn es der Gefahr nicht ausweichen kann, steigt das Pferd oder schlägt aus.

DAS AUSSCHLAGEN

Wenn das Pferd ausschlägt, wirft es seine Hinterbeine gleichzeitig zurück. Der Gegner wird also mit Huftritten vertrieben!

Der Kopf hängt dabei nach vorne, das Gleichgewicht wird mit den Vorderbeinen gehalten. Ein Fohlen schlägt auch vor Freude aus.

Junge Pferde machen manchmal Bocksprünge. Wie Ziegen springen sie dann mit allen vieren gleichzeitig in die Luft!

DIE ENTSTEHUNG DER RASSEN

Die Pferde einer Rasse haben große Ähnlichkeit miteinander: Sie ähneln sich in Farbe, Größe, Kraft, Geschick und auch im Charakter!

Der Gewichtsunterschied zwischen diesem großen Zugpferd und dem winzigen Falabella-Pony ist so groß wie der zwischen einer Kuh und einem Lamm! Trotzdem gehören sie zur selben Familie.

Die Ponys entwickelten sich in Regionen mit einem rauen Klima und mit wenig Nahrung. Daher sind sie kleiner als Pferde. In Gegenden mit weiten Ebenen und viel Nahrung sind die Pferde dagegen größer und schneller.

Das Pferd ist ein sehr nützliches Haustier. Es wurde allerdings erst viel später als Kuh und Hund gezähmt.

Dieses Pferd ist sehr stark: Es ist ein Kaltblut.

Dieses Pferd läuft besonders schnell: Es ist ein Vollblut.

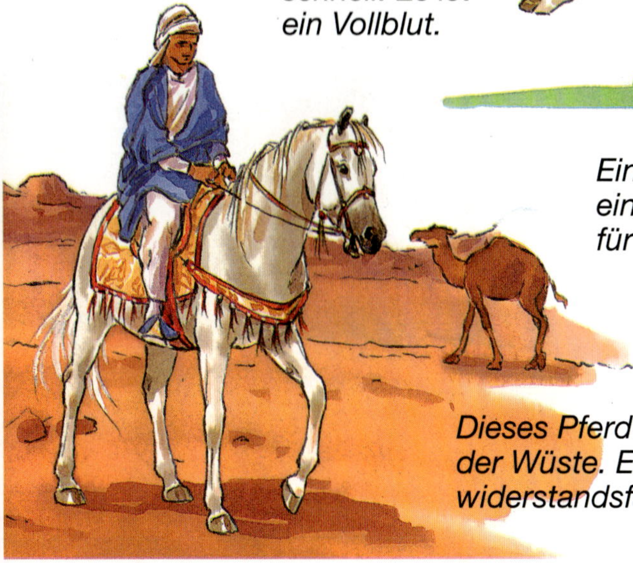

Ein sanftes Pony ist ein toller Gefährte für Kinder!

Dieses Pferd lebt in der Wüste. Es ist sehr widerstandsfähig.

Die Menschen züchteten verschiedene Rassen, um all die positiven Eigenschaften der Pferde auszunutzen. Heute gibt es etwa 200 Rassen!

REITPFERDE

Als Reitpferde werden meist Warmblüter verwendet, da sie schnell und ausdauernd sind. Auch die edlen Vollblüter sind beliebte Reitpferde.

das arabische Vollblut

Es gehört zu den ältesten Rassen. Araberpferde sind klug und mutig.

das englische Vollblut

Es ist sehr schnell. Bei Pferderennen läuft es allen davon!

der Anglo-Araber

Der Anglo-Araber entstand durch die Kreuzung der zwei Vollblut-Rassen. Er hat viele gute Eigenschaften, ist aber sehr eigenwillig!

Pferde sehen in fast jedem Land anders aus. Kommst du mit auf eine kleine Weltreise zu den verschiedenen Pferderassen?

Es ist ein ideales Freizeit- und Springpferd.

Die schönen, feurigen Andalusier werden in Südspanien gezüchtet.

Er ist ein sehr sportliches Pferd, mit dem man gut springen kann.

Es kommt aus Amerika und ist ein sehr vielseitiges Reitpferd!

KALTBLUTPFERDE

Diese Schwerathleten unter den Pferden sind groß und stark. Ihren Namen haben sie wegen ihres Charakters: Sie sind ruhig und geduldig.

das Shire Horse

Es ist das größte, schwerste und stärkste Pferd überhaupt. In England, seinem Herkunftsland, wird es »freundlicher Riese« genannt.

der Percheron

Er gilt als eines der schönsten Kaltblutpferde!

der Boulonnais

In Nordfrankreich hilft er Fischern die Netze ans Land zu ziehen.

KALTBLÜTER ALS ARBEITSTIERE

Früher nutzten die Menschen gerne und oft die Kraft der Pferde. Heute dagegen sind viele Kaltblutrassen durch Maschinen ersetzt.

Dieses Pferd ist sehr gehorsam und daher ein Freund der Kinder!

An seiner hellen Mähne ist der Comtois gut zu erkennen.

In Dänemark war er früher ein wichtiger Gefährte der Bauern.

Das lebhafte Pferd ist nach einem Flüsschen in Schottland benannt.

PONYS - PFERDE IN KLEINFORMAT!

Ponys gibt es in vielen verschiedenen Rassen. Ihnen allen gemeinsam ist, dass sie kleiner als Pferde sind und gerne Blödsinn machen!

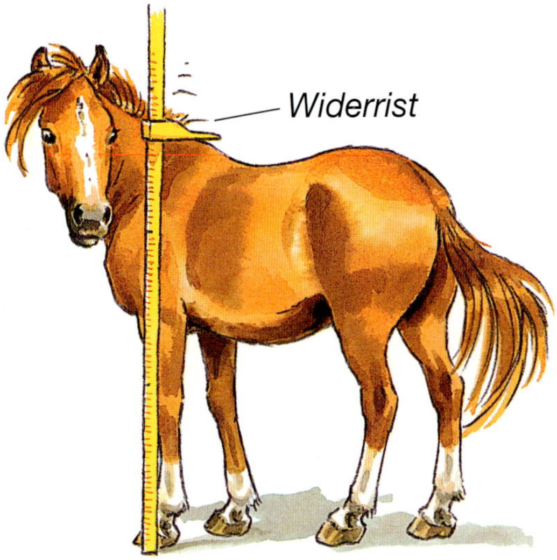

Ausgewachsene Ponys haben ein Stockmaß von höchstens 1,48 m.

Sein dickes Fell schützt es vor Kälte im Norden Schottlands.

Er stammt aus den Tiroler Alpen. Mähne und Schweif sind blond.

Dieses lebhafte, sportliche Pony stammt aus Großbritannien.

Hier siehst du einige enge Verwandte des Shetlandponys.
Manche von ihnen werden fast so groß wie Pferde!

Connemaraponys kommen aus Irland. Ihr Fell ist meist weiß, manchmal aber auch braun oder schwarz. Diese Tiere gelten als sehr intelligent und ausdauernd. Außerdem können sie ausgezeichnet springen! Selbst nach einem anstrengenden Tag sind sie noch frisch und munter!

Dieses robuste Pony frisst auch Moose und Algen.

Es hat einen dunklen Strich auf Mähne, Rücken und Schweif.

REITERSPRACHE

Viele Körperteile des Pferdes haben besondere Bezeichnungen. Versuche sie dir zu merken, dann bist du ein wahrer Pferdekenner!

Die langen Schwanzhaare heißen Schweif.

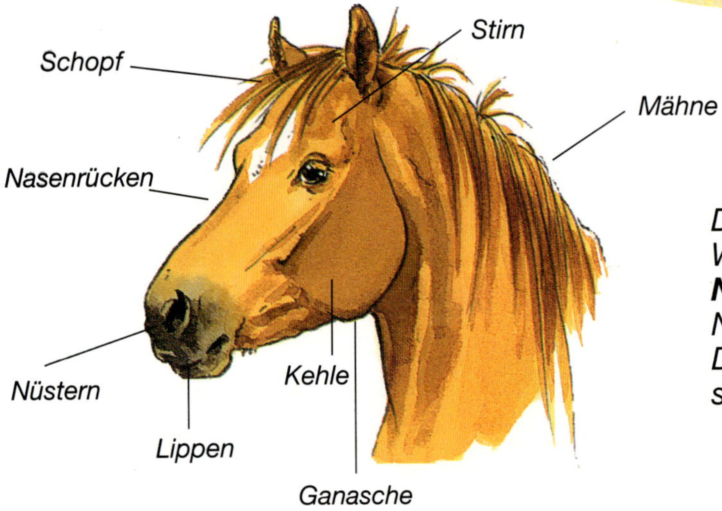

*Die **Ganaschen** sind die Wangen des Pferdes. **Nüstern** heißen die Nasenlöcher. Der **Nasenrücken** erstreckt sich bis zu den Nüstern.*

Die Skelette von Mensch und Pferd haben viele Gemeinsamkeiten. Sieh genau hin, in der Abbildung sind sie farbig gekennzeichnet.

Das Vorderfußwurzelgelenk des Pferdes entspricht unserem Handgelenk, sein Sprunggelenk unserem Knöchel und sein Huf unseren Nägeln.

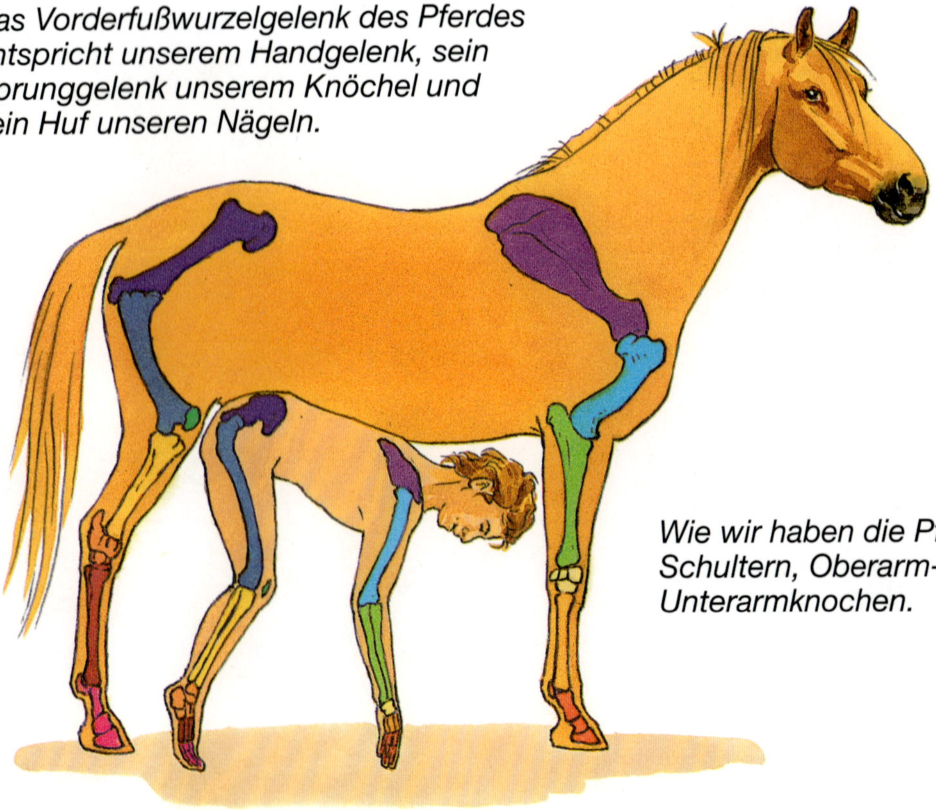

Wie wir haben die Pferde Schultern, Oberarm- und Unterarmknochen.

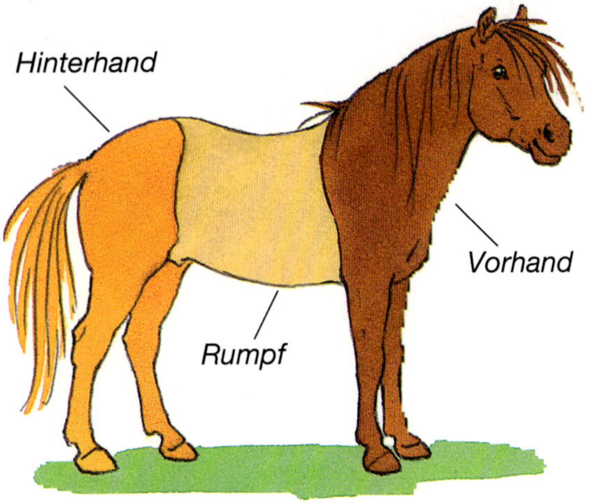

Als Vorhand bezeichnet man die Körperteile des Pferdes, die vor der Reiterhand liegen. Alles was hinter der Reiterhand liegt, wird Hinterhand genannt.

DIE PFERDEFARBEN

Nicht nur wir Menschen haben unterschiedliche Haarfarben: Auch bei den Pferden gibt es eine breite Palette an Fellfarben, wobei Fell, Mähne

Das Fohlen erbt seine Farbe von seinen Eltern.

Dies ist ein Schimmel: Fell, Mähne und Schweif sind weiß.

Hier siehst du einen Rappen: Fell, Mähne und Schweif sind schwarz.

Bei einem Fuchs sind Fell, Mähne und Schweif rot-braun.

und Schweif nicht unbedingt die gleiche Farbe haben müssen. Je nach Musterung haben die Pferde ganz bestimmte Namen.

Beim Braunen ist das Fell braun, Schweif und Mähne sind schwarz.

Der Apfelschimmel hat ein graues Fell mit dunkleren Flecken.

Das Fell des Schecken ist weiß mit großen schwarzen oder braunen Flecken. Es ähnelt dem einer bunten Kuh.

DIE ABZEICHEN

Kein Pferd gleicht dem anderen. Bestimmte Zeichen geben einem Pferd seinen besonderen Charakter und machen ein Wiedererkennen möglich.

Viele Pferde haben eine weiße Fläche am Kopf. Diese nennt man Abzeichen. Sie können ganz unterschiedliche Formen haben: rund, länglich oder in der Form eines Sterns. Abzeichen sind angeboren und verändern sich nicht.

Beinabzeichen erinnern an weiße Socken. Ein Pferd kann ein, zwei, drei oder vier Beinabzeichen haben! Pferde, Ponys und Esel tragen außerdem manchmal den so genannten Aalstrich: Das ist die dunkle Linie, die über Mähne, Rücken und Schweif führt.

EIN SCHAUKELPFERD ZU WEIHNACHTEN

Julia, Johanna, Mark und Tim haben zu Weihnachten Schaukelpferde geschenkt bekommen. Wem gehört welches Pferd? Kannst du helfen?

Julias Schaukelpferd ist ein Brauner mit einem Stern.

Johanna hat einen Rappen mit zwei Beinabzeichen bekommen.

Marks Schaukelpferd ist ein Fuchs mit einer Blesse.

Das Schaukelpferd von Nils ist ein Schecke.

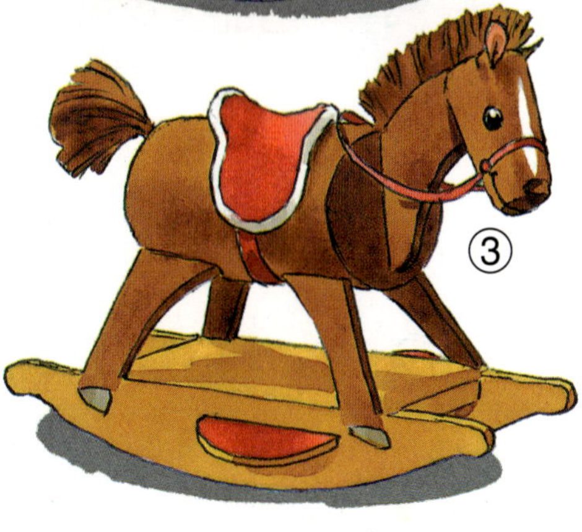

Lösung: *1. Johanna - 2. Nils - 3. Mark - 4. Julia.*

VERWANDTE DER PFERDE: DIE ZEBRAS ...

Esel und Zebras gehören zur Familie der Pferde. Mit ihren schwarz-weißen Streifen sind die Zebras ganz besonders originell!

Nach der Geburt des Fohlens legt sich die Zebramutter so, dass das Kleine nur ihr Fell sieht. Denn es muss seine Mutter später in der Herde wieder erkennen können. Mit Lauten wird sie sich nicht verständigen, da die Rufe Löwen und Hyänen anlocken könnten.

Beim Kämpfen beißen sich Zebras manchmal in die Vorderbeine.

Zebras kommen drei Tage ohne Wasser aus.

... UND DIE ESEL

Wildesel und Halbesel sind die wild lebenden Verwandten der Hausesel. Die Wildesel sind heute vom Aussterben bedroht.

Das Eselpaar ist stolz auf seinen Nachwuchs! Im Alter von zwei Jahren wird das Kleine so groß wie seine Eltern sein. Manche Esel haben eine besondere Zeichnung in Form eines Kreuzes auf dem Rücken.

Wildesel gibt es heute leider nur noch sehr wenige. Sie haben Ähnlichkeit mit dem Hausesel und dem Pferd und leben in Afrika und Asien.

MAULESEL UND MAULTIER

Maulesel und Maultier entstehen durch die Kreuzung von Pferd und Esel. Sie können selbst keine Fohlen bekommen.

Das Fohlen eines Eselvaters und einer Pferdemutter ist ein Maultier; das eines Pferdevaters und einer Eselmutter heißt Maulesel.

Die kleineren Maulesel werden seltener gezüchtet als die Maultiere. Maulesel wiehern wie Pferde, Maultiere dagegen schreien wie Esel!

JETZT BIST DU DRAN!

Kannst du die Fragen beantworten? Die Lösung findest du ganz unten auf der Seite.

Was umgibt den einzigen Zeh des Pferdes: ein Stiefel oder ein Huf?

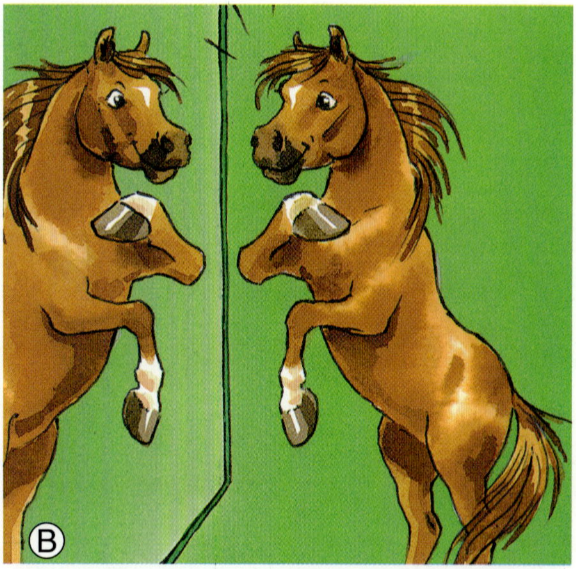

Wie nennt man die Körperbehaarung beim Pferd: Fell oder Gefieder?

Erkennst du auf der Zeichnung den Rappen und den Braunen wieder?

Eine Hexe hat die beiden Tiere verzaubert. Was hat sie getan?

Lösung: *A: Huf - B: Fell - C: 2. Rappe - 3. Brauner - D: Sie hat dem Esel Streifen gegeben und dem Zebra Eselsohre*

PFERDE AUS SAGEN UND LEGENDEN

In manchen Sagen und Legenden kommen Pferde mit außergewöhnlichen Fähigkeiten vor. Mal sind sie seltsame

Pegasus
Der Sage nach lief Pegasus mit seinen weißen Flügeln schneller als der Wind! Bellerophon wollte mit ihm auf den Olymp, den Berg der Götter. Doch Göttervater Zeus schickte einen Blitz. Pegasus schlug aus, der Reiter fiel auf die Erde. Nur Pegasus erreichte den Olymp.

Die Kentauren
Die Kentauren waren der Sage nach halb Mensch halb Pferd. Sie waren sehr gefürchtet. Nur Cheiron galt als freundlich und weise; er kannte die Heilwirkung der Pflanzen, liebte Musik und war ein guter Jäger.

Wesen aus Mensch und Tier, mal besitzen sie göttliche Kräfte. Einige der berühmtesten Vertreter findest du hier.

Das Einhorn
Hauptfigur eines Märchens ist das Einhorn. Dies ist ein pferdeähnliches Wesen mit einem langen Horn auf der Stirn und Hufen aus Gold. Für bösartige Menschen ist es nicht sichtbar, nur von einer Jungfrau lässt es sich fangen!

Das Trojanische Pferd
Mit einer List eroberten Griechen die Stadt Troja: Sie versteckten sich in einem riesigen Holzpferd, das von den Trojanern in die Stadt gezogen wurde. Nachts kletterten sie heraus, öffneten ihren Soldaten die Stadttore und konnten so die Stadt einnehmen.

SUCHBILD

Schau dir die beiden Bilder genau an. Findest du die sieben Unterschiede? Viel Glück beim Suchen!

AUF DEM GESTÜT

AUF DEM GESTÜT

Die Abbildung zeigt ein Gestüt. Hier werden Pferde großgezogen. Man sagt, sie werden gezüchtet.

Ein Pferd ist gern mit seiner ganzen Herde auf der großen Weide.
So viel Auslauf tut gut und ist gesund!

DIE PONYFAMILIE

Wie bei den Pferden nennt man ein weibliches Pony Stute, ein männliches Hengst und ihr Kind Fohlen.

Der Züchter sucht die Hengste aus, die seine Stuten decken sollen. Die Hengste leben oft auf einem anderen Gestüt. In einem Pferdeanhänger werden die Stuten zu ihnen gebracht.

Der Hengst wiehert laut und weckt so die Aufmerksamkeit der Stute.

Er beschnuppert die Stute mit hochgezogener Oberlippe: Er flehmt. So zeigt er ihr, dass sie ihm gefällt.

Der Moment der Paarung ist gekommen. Der Züchter hofft, dass die Stute trächtig wird, also ein Fohlen bekommen wird.

DIE BOX DER ZUCHTSTUTE

Eine Zuchtstute bekommt jedes Jahr ein Fohlen. Ihre Box ist gut ausgestattet und groß genug für zwei Tiere!

DIE GEBURT

Die Fohlen wachsen elf Monate im Bauch der Mutter heran. Die Geburt ist meist im Frühjahr. Dann bietet das saftige Gras reichlich Nahrung.

Die Ponystute spürt, dass ihr Fohlen bald auf die Welt kommen wird. Sie legt sich auf die Seite. Man sagt, sie »wirft« ihr Junges.

Bei der Geburt kommen zuerst die Vorderbeine des Fohlens heraus, dann folgt der Kopf. Das Fohlen ist noch von der Fruchtblase umgeben: In dieser Haut lag es im Bauch der Mutter.

Das Fohlen hat ein flaumiges Fell. Seine Beine sehen zerbrechlich aus und die Hufe sind noch ganz weich. Zähne hat es noch keine.

Das Fohlen ist geboren! Seine Mutter leckt es sofort ab und ermuntert es aufzustehen. Es lernt den Geruch seiner Mutter kennen und wird sie sein Leben lang daran wieder erkennen können.

Eine halbe Stunde nach der Geburt steht das Fohlen bereits. Es hat das Euter seiner Mutter gefunden und trinkt die warme Milch!

DIE ERSTEN TAGE

Wie ein kleines Kind verbringt ein Fohlen die meiste Zeit mit Schlafen und Trinken. Doch es wird bald neugierig und erkundet die Umgebung!

Was macht das Trinken müde! Das Fohlen gähnt.

Nach dem Aufwachen wird es gleich wieder Hunger haben!

Der erste Spielkamerad des Fohlens ist seine Mutter.

Gar nicht so einfach sich am Kopf zu kratzen!

Das Fohlen verwechselt seine Mutter nie; es kennt ihren Geruch und ihr Wiehern genau. Und es macht ihr alles nach.

Das Fohlen möchte grasen. Auch das will gelernt sein!

Wenn das Fohlen Angst hat, flüchtet es zu seiner Mutter.

Mit der Zeit wird das Fohlen immer selbständiger. Jetzt gibt es nichts Schöneres als mit anderen Fohlen zu spielen!

DER ERSTE KONTAKT MIT MENSCHEN

Wenn die Mutter keine Angst vor den Menschen hat, fürchtet sich auch das Fohlen nicht. Der Züchter spricht mit ihm und streichelt es.

Kinder spielen gerne mit Fohlen. Dieses Fohlen und das Mädchen kennen sich bereits gut. Man sieht, dass sie sich mögen!

Das Fohlen folgt seiner Mutter in die Box. Bald wird es sich auch ein Halfter anlegen lassen. So kann der Züchter es führen.

PFERDE VERSTEHEN

Junge Pferde sind oft schreckhaft. Um sich ihnen nähern zu können, muss man ihr Verhalten verstehen lernen. Achte auf die Ohren!

Pferde haben ein sehr weites Blickfeld, da ihre Augen seitlich liegen. Näherst du dich von hinten, solltest du sie aber zunächst in ruhigem Ton ansprechen.

Fohlen sind besonders neugierig; stets wollen sie wissen, was um sie herum geschieht. Wenn du dich auf ihre Weide setzt, kommen sie bestimmt!

Das Pony hat beide Ohren gespitzt: Es ist neugierig und gut gelaunt.

Es hat ein Ohr nach hinten gelegt: Es ist entspannt, doch sehr aufmerksam.

Das Pony hat beide Ohren nach hinten gelegt: Es ist nervös oder gereizt.

EIN FOHLEN WIRD ENTWÖHNT

Wenn ein Fohlen groß genug ist, um seine Mutter zu verlassen, bekommt es immer weniger Muttermilch - bis es ganz entwöhnt ist.

Die ersten Monate trinkt das Fohlen nur die Milch seiner Mutter. Es beginnt aber schon früh die Mutter zu imitieren und am Gras zu knabbern. Jetzt, mit sechs Monaten, frisst es aus der Krippe und trinkt an der Tränke. Aber manchmal saugt es doch noch bei seiner Mutter.

Die entwöhnten Fohlen trinken keine Muttermilch mehr. Der Züchter hat sie von ihren Müttern getrennt. Doch die Fohlen haben Sehnsucht! Einige möchten am liebsten über den Zaun zu ihren Müttern springen. Wie gut, dass es die Spielkameraden gibt!

WAS FRESSEN PFERDE?

Pferde sind Pflanzenfresser und ernähren sich hauptsächlich von Gras. Werden sie viel geritten, brauchen sie zusätzlich Kraftfutter, z. B. Hafer.

Im Frühjahr und Sommer fressen die Pferde saftiges Gras. Sie kauen lange und sorgfältig, bevor sie es schlucken. Wenn es nicht mehr genügend Gras gibt, bekommen sie auch Heu, das ist getrocknetes Gras. Die Tiere fressen gerne Heu, doch das macht durstig!

Im Winter halten sich Pferde mehr im Stall auf. Dort knabbern sie gerne Stroh, fressen Getreide, Fertigfutter und hin und wieder bekommen sie auch einen Leckerbissen. Und natürlich hängt dort auch ein Salzleckstein - Salz muss für die Pferde immer erreichbar sein!

DIE ARBEIT IM STALL

Sauberkeit im Stall ist sehr wichtig. Deswegen müssen die Boxen regelmäßig gereinigt und die Pferde täglich geputzt werden.

Hier mistet ein Pferdepfleger die Box aus. Er entfernt das alte Stroh.

Ab und zu müssen die Boxen mit einem Spezialmittel gereinigt werden.

Zum Schluss streut der Pferdepfleger die Box mit frischem Stroh ein.

Nun ist die Arbeit beendet und das Pony kann in seine frische, saubere Box zurück. Jetzt fühlt es sich dort wieder richtig wohl!

BESUCH VOM TIERARZT

Die Pferde auf dem Gestüt werden regelmäßig vom Tierarzt untersucht. Im ersten Lebensjahr impft er sie zudem gegen bestimmte Krankheiten.

Wenn ein Pferd keinen Appetit hat oder sehr träge ist, ruft der Züchter den Tierarzt. Er findet am schnellsten heraus, ob das Pferd krank ist.

Auch das Gebiss wird untersucht! Der Tierarzt öffnet das Maul des Fohlens und schaut sich seine Zähne an. Es hat noch Milchzähne. Erst mit zwei Jahren fallen diese aus, um neuen Zähnen Platz zu machen. An den Zähnen kann man übrigens das Alter von Pferden erkennen.

BESUCH VOM HUFSCHMIED

So wie deine Fingernägel bestehen Pferdehufe aus Horn. Um die Hufe zu schützen beschlägt der Hufschmied sie mit einem Eisen.

Die Hufe werden regelmäßig vom Schmied geschnitten. Den Pferden tut dies nicht weh. Es ist wie Fingernägel schneiden.

Das Eisen wird erhitzt. Auf dem Amboss gibt der Schmied dem heißen Eisen die Form des Hufs.

Das Eisen wird in Wasser kurz abgekühlt und dann auf den Huf gedrückt. Das qualmt!

Jetzt befestigt der Schmied das Eisen mithilfe von Nägeln am Huf, ohne dabei das Fleisch zu berühren.

EIN BAD IM MEER

Auch am Meer gibt es Gestüte. Welch ein Glück für die Pferde: Sie können ein Bad im Meer nehmen!

Im Sommer geht der Pferdepfleger manchmal mit zum Baden. Wie alle Pferde kann dieses Pony schwimmen, ohne es gelernt zu haben.

Nach dem Baden geht es unter die Dusche! Denn das Salz des Meerwassers muss aus dem Fell gewaschen werden.

DIE AUSBILDUNG BEGINNT!

Damit aus einem Fohlen einmal ein gutes Reitpferd werden kann, wird es früh an Halfter, Sattel und das Gewicht des Reiters gewöhnt.

Dieses Pony trägt ein Halfter. Daran ist eine Longe befestigt, an der das Pony geführt werden kann.

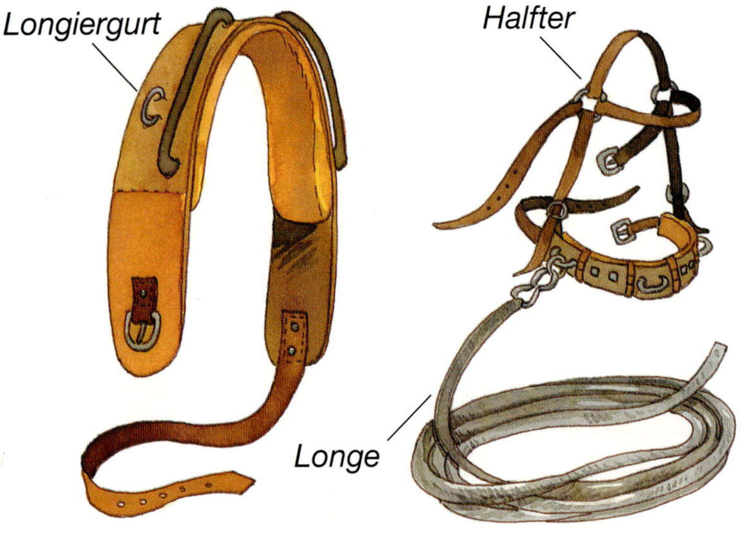

Für die Ausbildung braucht man:

*ein **Halfter:***
Es besteht aus einem Nasenteil, einem Nackenteil und einem Kehlriemen.

*eine **Longe:***
Diese lange Leine wird am Halfter befestigt.

*einen **Longiergurt:***
Er wird um den Bauch des Fohlens geschnallt.

ARBEIT AN DER LONGE

Dieses Pony läuft an der Longe im Kreis um den Ausbilder herum. Es muss lernen ihm auf Zuruf zu gehorchen.

Das Pony lernt auf die Befehle »Halt«, »Schritt!«, »Trab!« und »Galopp!« richtig zu reagieren.

Bald wird der Longiergurt durch einen Sattel ersetzt. Die Steigbügel werden zunächst hochgeschnallt, damit sie das Pferd nicht stören.

Das Pony kaut auf der Trense, dem Eisengebiss des Zaumzeugs.

Es schlägt aus - so will es den ungewohnten Sattel loswerden.

Nun legt sich ein Reiter auf den Sattel und stellt einen Fuß in den Steigbügel. Mit Worten lenkt der Ausbilder die Aufmerksamkeit des Tieres ab.

DIE AUSBILDUNG ZUM REITPONY

Drei Monate hat dieses Pony regelmäßig an der Longe gearbeitet. Jetzt beginnt seine Ausbildung zum Reitpony.

Die Anweisungen des Ausbilders braucht es immer weniger; jetzt gehorcht es direkt seinem Reiter. Die Longe wird überflüssig und kann bald entfernt werden.

Es gibt drei Hilfen, die der Reiter geben kann: Gewichts-, Zügel- und Schenkelhilfen. Er begleitet sie zunächst noch mit Befehlen. Doch bald reagiert das Pony auch ohne die Worte richtig.

EINE TURNIER-KARRIERE

Manche Pferde können besonders schnell laufen oder gut springen. Dann sind sie für Wettkämpfe oder Turniere bestens geeignet!

Der Züchter führt ein Pony einem jungen Reiter vor, der es gerne kaufen möchte. Der junge Mann sieht sich das Pony genau an und stellt dem Züchter viele Fragen, um den Charakter des Tieres kennen zu lernen.

Dann reitet er das Pony Probe, um zu sehen, was es kann. Die beiden mögen sich! Das Pony wird das Gestüt verlassen. Von nun an wird es für Springturniere trainieren.

Doch längst nicht alle Ponys werden für Turniere ausgebildet. Die meisten leben auf einem Ponyhof oder bei einem privaten Besitzer.

Haflinger werden gerne und häufig als Zugtiere eingesetzt.

Die Mérens-Ponys sind robust und für Wanderritte geeignet.

Auf den kleinen Shetlandponys lernen viele Kinder das Reiten.

Dieses Mini-Pony ist ein lieber Gefährte - aber kein Reittier!

PONY-WETTKÄMPFE

Ponys sind zwar klein, aber sehr schnell und wendig!
Wie die großen Pferde nehmen sie an Wettkämpfen teil.

Beim Springturnier für Ponys sind die Hindernisse etwas kleiner als die für Pferde. Ihre Schnelligkeit beweisen die Ponys beim Galopprennen!

Während des Trabrennens sitzt der Führer in einem leichten Wagen, dem Sulky. Er passt auf, dass das Pony niemals in Galopp fällt.

SCHÖNHEITS-WETTBEWERB

Hier führen die Züchter ihre schönsten Ponys vor. Alle Ponys sind besonders herausgeputzt, ihre Mähnen wurden geflochten.

Je nach Rasse, Alter und Geschlecht gibt es unterschiedliche Bewertungskriterien. Die Preisrichter treffen ihr Urteil sorgfältig.

Der Körperbau der Pferde muss ausgewogen sein, daneben bewerten die Preisrichter auch ihre Eleganz bei Schritt, Trab und Galopp.

PFERDE IM RUHESTAND

Auch für Pferde gibt es Altersheime. Dort können sie sich nach einem arbeitsreichen Leben auf saftigen Weiden ausruhen.

Pferde und Ponys leben gemeinsam auf einer großen Weide. Vielleicht erzählt hier ein Rennpferd gerade von seinen größten Siegen?

Die alte blinde Ponystute ist in bester Gesellschaft! Sie hat mit einem Esel Freundschaft geschlossen, der sie nun überallhin begleitet.

BASTLE EIN STECKENPFERD

Du brauchst: Krepppapier in den Farben Orange, Braun, Rosa, Gelb, Grün und Weiß; einen Besenstiel (oder ähnlichen Holzstab), Klebstoff, Schere, Klebeband, Zeitungspapier, Hefter.

Zeichne den Umriss eines Pferdekopfs auf zwei braune Bogen Krepppapier und schneide sie mit der Schere aus. Mache das Gleiche für die Ohren.

Hefte nun die Kopfteile und die Ohrteile zusammen (so wie oben abgebildet).

Gehe mit deiner Hand in das Innere der zusammengehefteten Kopfteile und stülpe das Innere nach außen. Die Klammern sind nun nicht mehr zu sehen.

Mache das Gleiche mit den Ohren. Schneide für das Innere der Ohren aus dem rosafarbenen Krepppapier zwei kleine dreieckige Stücke aus und klebe sie auf. Stopfe die Ohren mit Zeitungspapier aus.

Befestige die Ohren am Kopf. Hefte danach den Rest des Kopfes und den Hals zusammen (lass unten eine Öffnung).

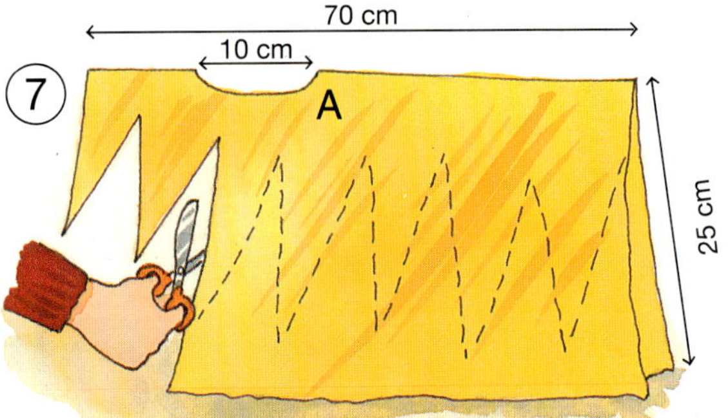

Für die Mähne faltest du das gelbe Krepppapier einmal und schneidest dann die Mähne zurecht (vgl. Abbildung). Schneide ein Loch für die Ohren.

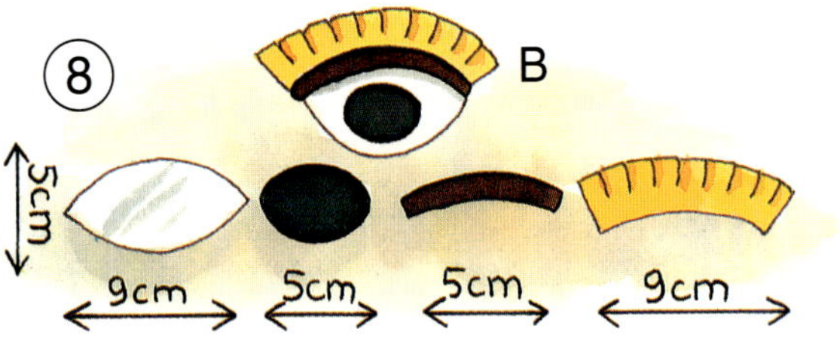

Schneide für die Augen die einzelnen Teile wie oben angegeben aus, klebe sie zusammen und dann auf den Kopf.

Klebe die Mähne am Kopf an. Schneide zwei orangenfarbene Streifen aus und klebe sie als Halfter auf.

Rolle für die Zügel ein großes Stück Krepppapier zusammen und schneide zwei Kreise aus dem grünen Krepppapier.

Klebe die Zügel am Kopf an, vergiss auch die grünen Kreise nicht. Stopfe den Pferdekopf mit Zeitungspapier aus und stecke den Holzstab von unten in den Kopf. Schließe die Öffnung, indem du den Stab mit Klebeband umwickelst.

DER PONYHOF

AUF DEM PONYHOF

Schon vierjährige Kinder kommen regelmäßig auf den Ponyhof, um dort das Reiten zu lernen.

Ein Ponyhof hat immer einen Sandplatz, damit im Freien geritten werden kann, und eine Reithalle für schlechtes Wetter.

Den Winter verbringen die Pferde in den Ställen. Die Pferdeboxen müssen sauber und groß sein, damit die Pferde sich wohl fühlen.

Viele Ponyhöfe liegen im Grünen. Hier gibt es viel Platz für Weiden und Stallungen. Und die kleinen Reiter können schon nach den ersten Reitstunden durch Wiesen und Wälder reiten.

Für Stroh, Heu und Fertigfutter braucht man viel Platz!

In der Sattelkammer hängen Sättel und Zaumzeug.

Reitschüler, die gemeinsam Unterricht nehmen, gehören zu einer Abteilung. Der Reitlehrer macht mit den Kindern bald den ersten Ausritt.

IN DER REITBAHN

Die Reiter folgen den Anweisungen des Reitlehrers. Sie lernen ihr Pony zu lenken und - wichtig! - zum Stehen zu bringen.

DIE RICHTIGE KLEIDUNG

Es ist nicht wichtig, ob man beim Reiten schön ist. Die Sicherheit ist entscheidend! Eine Kappe zum Beispiel schützt bei Stürzen.

Reitkappe:
Der Kinnriemen, der die Kappe hält, muss fest sitzen.

Reitweste oder -jacke:
Sie sollten gut sitzen und gepolstert sein. Bei Kälte ist die Jacke besser geeignet!

Gerte:
Sie kann manchmal sinnvoll sein, um das Pferd anzutreiben.

Handschuhe:
Sie machen den Griff um die Zügel sicher und verhindern wunde Stellen.

Reitstiefel:
Sie schützen die Waden vor Scheuerstellen. Dank der Absätze an den Stiefeln sitzt der Fuß gut im Steigbügel. Für die ersten Reitstunden reichen Gummistiefel.

Reithose:
Sie ist am Knie und manchmal auch am Po gepolstert, damit der Stoff nicht reibt. Für die ersten Reitversuche genügt eine normale Hose.

PFERDEPFLEGE

Auf einem Ponyhof lernt man auch, wie man ein Pferd putzt. Dies ist ganz wichtig, damit das Pferd sauber ist und sich wohl fühlt.

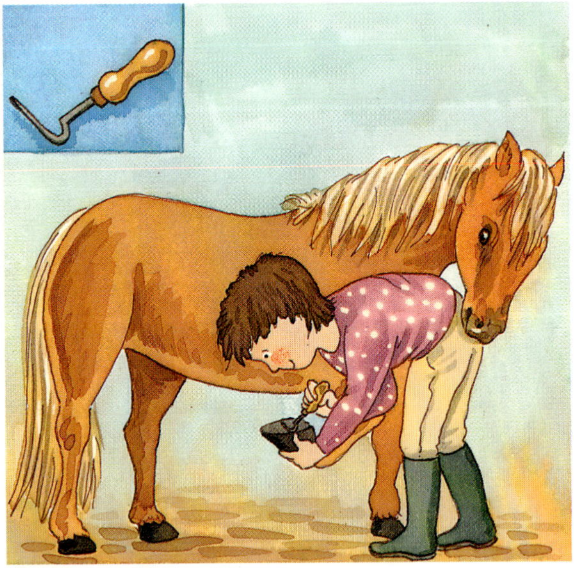

Mit dem Hufkratzer reinigst du den Huf.

Der Striegel befreit das Fell von Schmutz und massiert die Haut.

Mit der Kardätsche bürstest du den Staub aus dem Fell; Schweif und Hufe behandelst du mit der Wurzelbürste. Der Kamm ist für die Mähne.

Das Putzen dient nicht nur dem Saubermachen. Es ist für den Reiter auch eine gute Gelegenheit mit seinem vierbeinigen Gefährten Kontakt aufzunehmen.

Mit einem Schwamm wischst du Nüstern und Augenwinkel aus.

Das Putztuch gibt dem Fell ganz besonderen Glanz.

Die Hufe werden von Zeit zu Zeit mit einem Pinsel eingefettet.

Nun ist dein Pony sauber - musst du jetzt unter die Dusche?

AUFSATTELN UND ZÄUMEN

Fast jedes Pferd besitzt sein eigenes »Geschirr«. Dazu gehören alle Ausrüstungsgegenstände wie Sattel oder Zaumzeug.

Die Reiterin kommt mit dem Sattel aus der Sattelkammer.

Sie stellt sich auf die linke Seite des Ponys und beruhigt es.

Als Erstes zäumt man das Pferd auf. Um es zu beruhigen, zeigt das Mädchen ihm das Zaumzeug. Dann legt es ihm die Zügel über den Hals.

Das Zäumen und das Festziehen des Sattelgurtes erscheinen am Anfang sehr kompliziert. Doch man kann es schnell lernen!

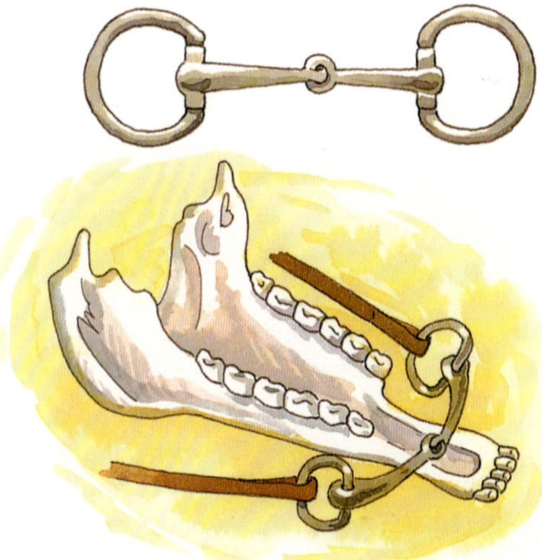

Während die rechte Hand das Kopfstück hält, schiebt die linke Hand das Mundstück ins Maul. Anfänger können sich ruhig helfen lassen!

Die Satteldecke schützt den Pferderücken und vermeidet Satteldruck. Oft ist sie direkt mit dem Sattel verbunden. Der Gurt hält den Sattel.

DIE SCHUR

Im Winter wächst Pferden, wie vielen Tieren, ein dickeres Fell. Werden sie regelmäßig geritten, muss man sie scheren.

Ein arbeitendes Pferd schwitzt sehr schnell. Bei Kälte wird es mit einem dicken feuchten Fell leicht krank. Deshalb wird das Fell zu Beginn des Winters geschoren. Die Schur muss in der kalten Jahreszeit etwa zwei bis drei Mal wiederholt werden.

Während der Schur muss das nervöse Pony beruhigt werden.

Ein geschorenes Pferd ist empfindlich. Es wird zugedeckt.

AUFSITZEN!

Der Reiter sitzt von links auf und ab. Das ist nicht so leicht, vor allem wenn man noch nicht so groß ist!

Am Anfang lernt man ohne Sattel aufzusitzen: Nimm Schwung und versuche dich quer über den Pferderücken zu legen.

Schwinge das rechte Bein über den Rücken und setze dich aufrecht. Lass dir zunächst vom Reitlehrer helfen oder benutze einen Schemel.

Der Sattel ermöglicht einen richtigen und bequemen Sitz auf dem Pferd. Doch auch auf dem blanken Pferderücken lassen sich Auf- und Absitzen und die richtige Haltung üben!

schlechter Sitz

richtiger Sitz

So sieht der richtige Sitz aus: Der Rücken ist gerade, die Arme liegen am Körper an. Die Fußspitzen zeigen nach vorn.

Zum Absitzen schwingt man das rechte Bein über die Kruppe und lässt sich langsam herabgleiten. Pass auf, dass du dabei nicht fällst!

DIE RICHTIGE ZÜGELHALTUNG

Wenn die Zügel zu lang gehalten werden, kann der Reiter sein Pferd nur schwer lenken. Hält er sie zu kurz, tut er dem Pferd im Maul weh.

Nimm das Ende der Zügel in die rechte Hand. Mit der linken Hand fasse nach beiden Zügeln.

Gleite mit der linken Hand an den Zügeln entlang bis zum Hals des Pferdes.

Jetzt lässt deine rechte Hand das Zügelende los und nimmt der linken Hand den rechten Zügel ab. Achte auf die richtige Handhaltung: Die Fäuste müssen aufrecht stehen, Unterarm und Handrücken bilden eine Linie.

FEST IM SATTEL

Wer nicht vom Pferd fallen möchte, muss fest im Sattel sitzen. Die folgenden Übungen trainieren deinen Gleichgewichtssinn.

Auf dem Pferderücken liegen ist keine Erholung!

Kannst du Arme und Beine gleichzeitig hochheben?

Schwinge deinen Arm und folge der Hand mit den Augen.

Gar nicht so einfach sein Pferd vom Sattel aus zu umarmen!

HILFEN

Der Reiter gibt Schenkel-, Zügel- und Gewichtshilfen, um dem Pferd seine Wünsche anzuzeigen. Er kombiniert die Hilfen immer miteinander.

Das Pferd läuft schneller: Die Reiterin hat mit ihren Schenkeln Druck ausgeübt.

Für eine Kurve zieht man einen Zügel leicht nach außen, dreht die Hand etwas ein und verlagert sein Gewicht.

Zum Anhalten zieht die Reiterin die Zügel leicht an, spannt ihr Kreuz und legt die Schenkel an.

Auch die Stimme kann Hilfen geben: Die Reiterin spricht beruhigend auf ihr Pony ein, ermuntert oder lobt es.

HUFSCHLAGFIGUREN

Um die Reitbahn entlang der Bande führt ein ausgetretener Pfad, der Hufschlag. Innerhalb dieser Bahn werden bestimmte Figuren geritten.

Dies ist eine Volte. Der Reiter lenkt sein Pferd in einem Kreis.

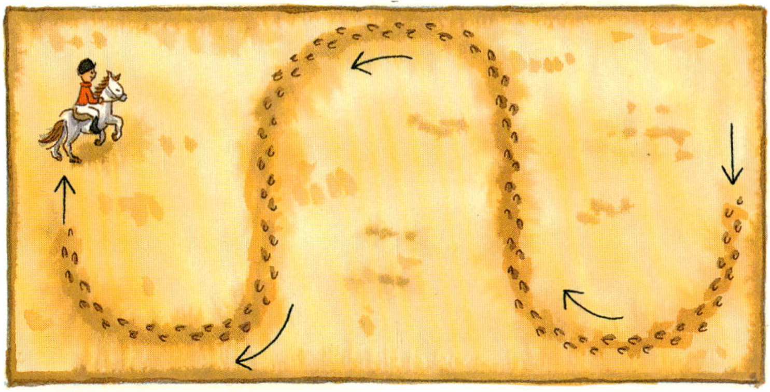

Dies ist die Schlangenlinie durch die Bahn. Sie führt in gleichmäßigen Kurven durch die ganze Bahn.

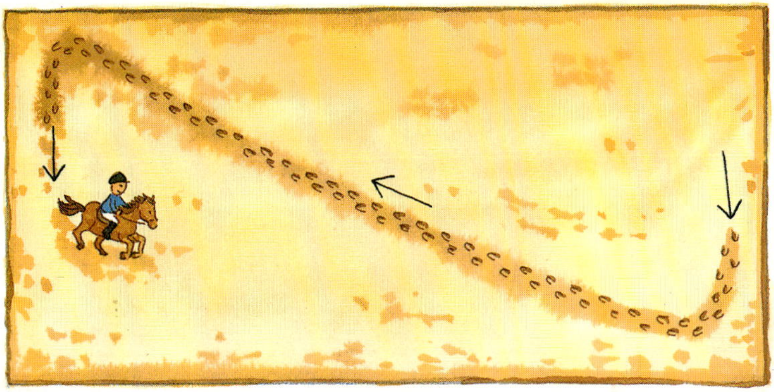

Reitet man diagonal durch die Halle, wechselt das Pferd durch die ganze Bahn.

SCHRITT

Schritt ist eine langsame und gleichmäßige Gangart im Vierertakt; das Pferd setzt einen Fuß nach dem anderen.

Anfänger reiten häufig im Schritt. Denn in dieser Gangart kann man am leichtesten lernen ein Pferd zu lenken.

Manche Pferde muss man dauernd treiben, um sie in Bewegung zu halten. Einige Reiter tun dies, indem sie ihnen »die Sporen geben«.

TRAB

Der Trab ist eine Gangart im Zweiertakt. Der Reiter wird ganz schön geschüttelt, muss dabei aber trotzdem entspannt bleiben!

Das Pony setzt den vorderen linken Fuß und den hinteren rechten gleichzeitig. Du kannst es auf der Zeichnung sehen.

Beim »Leichttraben« stellt man sich im Rhythmus der Gangart in den Steigbügeln auf und setzt sich wieder.

GALOPP

Der Galopp ist die schnellste Gangart. Er besteht aus vielen aufeinander folgenden Sprüngen.

Es gibt den Links- und den Rechtsgalopp - je nach dem, mit welchem Vorderbein das Pferd weiter ausholt.

Du musst keine Angst haben, dass dein Pony beim Galopp durchgeht. Wenn man ihn beherrscht, ist er viel angenehmer zu reiten als der Trab.

PONY-SPIELE

Wenn die Kinder schon ein bisschen reiten können, werden auf dem Ponyhof Spiele gemacht. Wer ist am schnellsten und geschicktesten?

Hier muss der Reiter sein Pony im Slalom durch die Pfosten lenken.

Bei diesem Ballspiel legt der Reiter einen Ball in das Netz.

Der Reiter muss die Ringe auf einen Stab aufreihen.

Die Fähnchen müssen vom Reiter am Kegel angebracht werden.

Sackhüpfen: Der Reiter galoppiert ein Stück. Auf halber Strecke steigt er ab und schlüpft in einen Sack. Jetzt hüpft er im Sack bis zur Ziellinie und führt dabei sein Pferd an den Zügeln.

Beim Horse-Ball muss man Körbe werfen, indem man den Ball möglichst wenig abgibt. Am Ball sind mehrere Lederschlaufen angebracht, damit man ihn besser packen kann.

VOLTIGIEREN

Voltigieren meint Turnen auf dem Pferd. Man lernt dabei mit Pferden umzugehen und das Gleichgewicht zu halten.

Zuerst kann man auf einem Holzpferd üben.

Erste Figuren werden auf dem still stehenden Pferd ausgeführt.

Die Übungen fördern die Beweglichkeit des Körpers.

Dann folgen schwierigere Figuren, zum Beispiel die »Fahne«.

HINDERNISSE

Die ersten Hindernisse, die man zu überqueren lernt, sind Stangen, die auf dem Boden liegen. Später werden diese höher gelegt.

Der Reiter hebt seine Arme an und hält das Gleichgewicht. Er folgt aufmerksam den Bewegungen des Pferdes - stets bereit die Zügel wieder aufzunehmen.

Was für ein Hindernis! Die Reiterin behält die Zügel in der Hand, greift aber gleichzeitig in die Mähne des Pferdes. So zieht sie nicht unachtsam an seinem Maul.

HINDERNIS-SPIEL

Für 2 bis beliebig viele Spieler. Jeder Spieler hat einen Spielstein und einen Würfel. Der jüngste Spieler beginnt: Er rückt seinen Stein um die Anzahl von Feldern weiter, die der Würfel anzeigt.

Beachte die Hinweise bei den farbigen Feldern! Verlierst du Zeit, verweigert dein Pferd oder überspringt es das Hindernis? Wer gewinnt?

Rotes Feld: Dein Pony verweigert! Drei Felder zurück.
Gelbes Feld: Hindernis übersprungen. Drei Felder vorwärts.
Violettes Feld: Du reitest zu langsam. Eine Runde aussetzen.
Blaues Feld: Du bist vom Pferd gefallen. Zurück zum Start.

IM GELÄNDE

Auf dem Ponyhof werden Ausritte organisiert. So ein Ausflug in die Natur ist eine wunderbare Sache! Der Reitlehrer passt auf.

Im Gelände wird meist Schritt geritten. Dabei muss man auf Äste achten und das Pferd davon abhalten, an Pflanzen am Wegesrand zu knabbern.

Durch das Wasser zu reiten ist ein besonderes Vergnügen!

Von Zeit zu Zeit braucht das Pony eine Pause.

AUFGEPASST!

Ein Pony, das Angst bekommt, zu seinen Gefährten möchte oder von einem Insekt gestochen wird, kann plötzlich loslaufen oder ausschlagen.

Sprich leise mit einem Pferd, wenn du dich ihm näherst. So wirst du es nicht erschrecken.

Wickle den Führstrick nie um die Hand! Wenn das Pony wegläuft, zieht es dich sonst hinterher.

Reitet nicht dicht nebeneinander oder hintereinander, für den Fall, dass die Ponys ausschlagen!

Machmal entbläht sich der Bauch des Ponys, sodass der Sattel nicht mehr fest sitzt. Überprüfe dies ab und zu!

FOLGENREICHE MISSGESCHICKE

Oft hat es einen Grund, wenn ein Pony ständig schlechter Laune zu sein scheint, den Gehorsam verweigert oder nicht frisst.

Bei einem Ausritt ins Gelände hat sich das Pony das Bein an einem Stacheldraht aufgeschürft. Der Reiter steigt ab, um die Wunde zu säubern und zu verbinden.

Wenn das Zaumgebiss schlecht angepasst ist, klemmt es die Lippe des Pferdes ein und verletzt es. Der Reiter muss den Riemen, der das Gebiss festhält, verlängern.

Manche Probleme kann der Reiter ganz alleine lösen. Pferde sind aber recht anfällige Tiere. Deshalb sollte man nicht zögern, den Tierarzt zu rufen, wenn sie sich seltsam verhalten.

Das Pony hat plötzlich angefangen zu lahmen. Der Reiter hebt seinen Huf: Ein großer Stein hat sich darin verklemmt. Er entfernt ihn mit einem Ast.

Das Pony mag nicht mehr weiter. Der Sattel ist nach vorne gerutscht und drückt auf den Widerrist. Der Reiter steigt ab und bringt den Sattel in die richtige Position.

KENNST DU DIESE FIGUREN?

Kannst du diese Figuren zuordnen? Der blaue Reiter soll die Volte und der rote die Schlangenlinie laufen. Der grüne wechselt durch die Bahn.

RICHTIG ODER FALSCH?

Sieh dir die folgenden Sätze genau an! Du kannst bestimmt sagen, welche Sätze richtig und welche falsch sind.

(1)
Ein weibliches Pony heißt Stute.

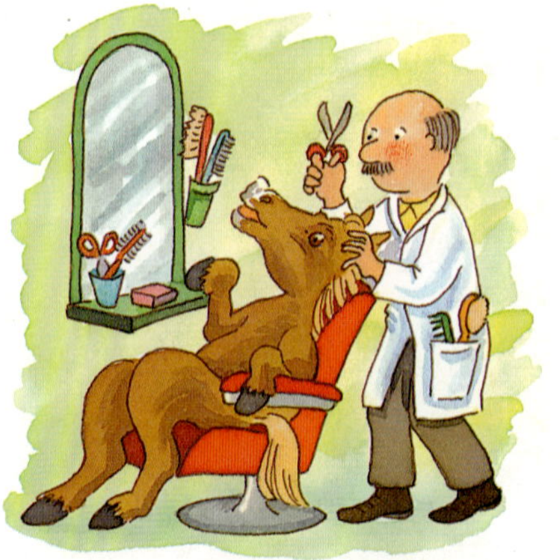

(2)
Im Winter müssen Ponys geschoren werden.

(3)
Die Reitstunden finden im Zirkus statt.

(4)
Mit dem Striegel entfernt man Erde und Steine aus den Hufen.

(5)
Die Hufeisen bringt ein Schuster an.

(6)
Manche Stuten werden in einem Pferdeanhänger zum Hengst gebracht.

Lösung: 1: richtig, 2: richtig, 3: falsch, auf der Reitbahn, 4: falsch, mit einem Hufkratzer, 5: falsch, ein Hufschmied, 6: richtig.

ZU TISCH

Dieser kleine Reiter will seinem vierbeinigen Freund zur Belohnung einige Leckereien geben. Worüber würde sich das Pony vor allem freuen?

ntwort: Heu, Fertigfutter, Salzleckstein.

MENSCHEN UND PFERDE

WAGENRENNEN UND TURNIERE

Im antiken Rom wurden Pferde bei Wagenrennen eingesetzt. Im Mittelalter veranstaltete man Ritterturniere mit Pferden.

Die römischen Wagenlenker wurden »auriga« genannt. Jeder Teilnehmer wollte als Erster die Ziellinie vor der Loge des Kaisers erreichen.

Schwere Rüstungen schützten die Ritter beim Turnier.
Die Pferde waren prächtig geschmückt und trugen ebenfalls einen Panzer.
Ziel war es den Schild des Gegners zu treffen oder den Gegner aus dem Sattel zu stoßen.

REISEN MIT DER KUTSCHE

Früher fuhr man nicht mit dem Auto, sondern mit der Kutsche. Auch Busse gab es noch nicht: Die Reisenden nahmen die Postkutsche.

Die Kutsche des Königs war aufwendig verziert. Dahinter folgten die Familie und die Bediensteten. Maultiere trugen Geschirr und Wäsche.

In den Ställen der Postkutschen-Stationen war Platz für bis zu 2000 Pferde. Hier wurden die müden Pferde durch ausgeruhte ersetzt.

PFERDE IN LANDWIRTSCHAFT UND FISCHEREI

Bauern und Fischer arbeiteten früher sehr viel mit Pferden: Diese zogen den Pflug über den Acker oder das Fischernetz aus dem Meer.

Diese Pferde ziehen einen Pflug, ein Gerät, mit dem der Boden aufgelockert wird. Sie tragen ein Zuggeschirr, das das Gewicht des Pflugs gleichmäßig verteilt. Scheuklappen hindern sie daran, nach links und rechts zu schauen.

Diese Fischer sitzen auf schweren Pferden, die Netze hinter sich herziehen. Die gefangenen Garnelen werden in Körben transportiert.

WALDARBEIT UND TREIDELN

Kaltblutpferde sind sehr stark: Sie können Baumstämme und sogar Kähne auf Flüssen ziehen!

Dieses Pferd zieht gefällte Bäume aus den Wäldern heraus, ohne dabei wie Maschinen den Waldboden zu zerstören. Gerade in schwierigem Gelände leisten Pferde weit bessere Arbeit als Traktoren.

Heute befördern Schlepper Waren auf Kanälen und Flüssen. Früher hatten die Schiffe keinen Motor, sondern wurden von Pferden gezogen. Diese Arbeit nennt man Treideln. Die Pferde gingen auf einem Pfad, dem Treidelpfad, neben dem Kanal her.

IN DER SONNE UND UNTER DER ERDE

Früher waren Pferde auch in der Industrie unersätzlich. Sie wurden in Mühlen und sogar unter der Erde in Kohle-Minen eingesetzt.

Um Getreide zu mahlen wird in manchen Gegenden Afrikas noch immer ein Pferd oder ein Esel vor die Mühle gespannt.

Die Pferde wurden mit einem Aufzug in die Mine gebracht, um in den Schächten die Kohlewagen zu ziehen. Manchmal blieben die Pferde jahrelang dort unten. Manche von ihnen wurden blind.

ESEL UND MAULTIER: DIE PFERDE DER ARMEN

In vielen Ländern arbeiten Esel und Maultiere für Bauern, die sich keine Pferde leisten können.

In manchen Ländern kann man in den Dörfern noch heute von Eseln gezogene Karren sehen.

Auch im Gebirge, weitab von befestigten Straßen, sind diese Tiere zuverlässige Gefährten.

Diese Esel sind wirklich kräftig: Sie transportieren riesige Mengen Heu oder auch die Bäuerinnen mit ihren schweren Milchkannen.

ALS AMAZONE AUFS HOHE ROSS

Es gab eine Zeit, da trugen Frauen niemals Hosen. Also stiegen sie im Kleid aufs Pferd und behielten beide Beine auf einer Seite des Sattels.

Die Amazonen trugen einen Rock oder ein langes Kleid, so dass ihre Beine nicht zu sehen waren. Sie benutzten einen Damensattel.

Der Damensattel hat zwei Hörner, die die beiden Beine stützen. Er hat nur einen Steigbügel. Das rechte Bein liegt auf dem Pferderücken.

JAGDREITEN

Einige Reitclubs veranstalten Jagdreiten: Ein Reiter legt eine künstliche Spur, der eine Hundemeute und die Jagdteilnehmer folgen.

Die wahren Jäger sind hier die Hunde! Dank ihres ausgezeichneten Geruchssinns können sie der Spur leicht folgen.

SOLDATEN- UND POLIZEIPFERDE

Diese Pferde müssen ihrem Reiter in jeder Situation vertrauen. Vor Lärm, Menschenmengen oder Schüssen dürfen sie keine Angst haben.

Früher hatte fast jede Armee eine eigene Reitertruppe: die Kavallerie. Seit dem Zweiten Weltkrieg werden im Krieg jedoch keine Pferde mehr eingesetzt.

So sieht die berittene Polizei Kanadas aus!

Ein Förster zu Pferde - auch so lässt sich über die Natur wachen.

DIE PFERDE DER INDIANER

Als die Europäer nach Amerika kamen, brachten sie Pferde mit. Die Indianer stahlen sie ihnen oder fingen die entlaufenen ein.

Um schwere Lasten zu ziehen benutzten einige Indianervölker Stangenschlitten, die am Pferdekörper befestigt waren.

Sie wurden schnell zu ausgezeichneten Reitern. Wenn sie mit Pfeil und Bogen Jagd auf Bisons machten, nahmen sie die Zügel in den Mund!

DIE COWBOYS

Die Cowboys, Helden so vieler Westernfilme, sind eigentlich Kuhhirten in den weiten Ebenen im Westen Amerikas.

Der breite Hut schützt vor Sonne und Regen.

Die »Chaps« sind aus Leder und schützen die Beine vor Dornen und Hornstößen der Rinder.

Mit dem Lasso fängt man die Rinder ein.

Das Gewehr trägt der Cowboy zur Sicherheit gegen wilde Tiere.

Der Sattel ist bequem, denn ein Cowboy muss oft den ganzen Tag reiten!

Die Cowboys erziehen ihre Pferde selbst. Bei der Arbeit mit den Rindern müssen sie sich auf ihre vierbeinigen Gefährten verlassen können.

DIE ARBEIT DER COWBOYS

Die Cowboys begleiten die Rinderherden und treiben sie oft mehrere Tage lang über weite Strecken.

Das Vieh muss in dieser Zeit gesund bleiben und darf auf keinen Fall in Panik geraten oder davonlaufen.

Wenn ein Rind ausbricht, fängt man es mit dem Lasso wieder ein.

Die Rinder werden mit einem glühenden Eisen markiert.

RODEO

Rodeo-Veranstaltungen sind in Nordamerika sehr beliebt.
Reiter und Pferd zeigen hier ihre Künste.

Der Cowboy muss sich acht Sekunden auf dem Rücken eines »bronco« halten. Dies ist ein Pferd, das sich weigert einen Sattel zu tragen.

Berühmt sind auch die Tonnenrennen. Dabei muss das Pferd möglichst schnell um drei Fässer laufen!

PFERDE BEI STIERKÄMPFEN

In Spanien, aber auch in anderen Ländern, gibt es Stierkämpfe. Die Pferde, die dabei auftreten, müssen sehr mutig sein!

Die »Corrida« findet in Spanien statt. Der Stier wird von einem Reiter, dem Banderillero, gereizt; er stößt ihm lange Spieße in den Nacken. Sein Pferd muss den Hörnern des Stiers schnell und geschickt ausweichen.

Diese Reiter treiben eine Stierherde durch die Stadt zur Arena. Die Zuschauer erschrecken die Stiere. Diese versuchen aus der Herde auszubrechen. Manchmal gelingt es ihnen auch!

PFERDE IM KINO

Pferde sind gesuchte Kinodarsteller, manche werden richtige Stars. Mit viel Übung schaffen sie es wahre Heldentaten zu vollbringen.

Diese Pferde haben keine Angst vor Feuer! Da sie durch feuerfeste Kleidung gut geschützt sind, kann ihnen nichts passieren.

Im Galopp plötzlich zu fallen muss lange geübt werden!

Dieses Pferd stellt sich tot. Es bewegt sich nicht mehr.

PFERDE ALS ARTISTEN

Für Zirkusnummern müssen Pferde oft monatelang trainieren. Doch sie behalten das, was sie gelernt haben, auch sehr lange.

Vor ihrem Auftritt werden die Pferde geschmückt. Auf ein Zeichen hin heben alle gleichzeitig die Vorderbeine an.

Das Mädchen und sein schlaues Pony führen tolle Kunststücke auf!

Ein Pony als Clown: Es legt sich ins Bett und deckt sich zu!

HIER VOLTIGIEREN PROFIS!

Pferd und Reiter haben lange geübt, um die oft waghalsigen Figuren ausführen zu können. Sie müssen sich völlig vertrauen!

Diese Figur war in früheren Zeiten für Krieger lebensnotwendig: So schafften sie es, den Hieben und Schüssen des Gegners zu entgehen.

Hier voltigiert gleich eine ganze Gruppe auf dem Pferd.

Diese schwierige Figur beherrschen nur sehr wenige!

EIN SPRINGTURNIER

Reiter und Pferd müssen eine bestimmte Strecke mit Hindernissen zurücklegen und dürfen dabei eine festgelegte Zeit nicht überschreiten.

Bevor das Turnier beginnt, gehen die Reiter die Strecke, den Parcours, ab. So können sie abschätzen, was ihr Pferd stören könnte. Reißt ein Pferd ein Hindernis oder verweigert es den Sprung, werden ihm Strafpunkte berechnet. Wenn die vorgegebene Reihenfolge der Hindernisse nicht eingehalten wird oder das Pferd dreimal hintereinander verweigert, scheiden Reiter und Pferd aus. Gewonnen hat der schnellste Reiter mit den wenigsten Strafpunkten.

GELÄNDETURNIERE

Bei Geländeritten sind die Hindernisse fest: Sie fallen nicht, wenn das Pferd sie berührt. Die Gefahr dabei zu stürzen ist viel höher!

Früher wurden Geländeturniere in freier Natur veranstaltet. Die Teilnehmer überquerten Schafsweiden und sprangen über Zäune. Heute findet der Wettbewerb auf einem großen Gelände statt. Die zahlreichen Hindernisse haben die unterschiedlichsten Namen. Dieses hier heißt Schafspferch.

Als Furt bezeichnet man seichte Flussstellen. Hier kann man den Fluss überqueren, ohne allzu nass zu werden. Will das Pferd dieses Hindernis nehmen, darf es nicht wasserscheu sein und Spritzer nicht fürchten.

DRESSUR: BALLETT ZU PFERDE

Der »Cadre Noir« in Frankreich und die Spanische Hofreitschule in Wien sind berühmte Dressur-Schulen. Pferd und Reiter sind gute Schüler!

Das Pferd macht eine Traversale. Es geht seitwärts, wobei die äußeren Beine die inneren kreuzen.

Dieses Pferd führt eine Croupade aus. Es wirft seine Hinterbeine weit nach hinten.

Auf Anweisung seines Reiters stützt sich das Pferd auf seine Hinterbeine und richtet sich auf - wie beim Steigen. Diese Figur nennt man Levade.

GESPANNE

Es gibt zahlreiche Wettbewerbe mit Gespannen. Jedes Pferd hat dabei seinen festen Platz und eine ganz bestimmte Aufgabe.

Hier müssen die Pferde die Kutsche ziehen, ohne die Bäume zu berühren. Auf einem solch schmalen Weg ist das nicht einfach! Deshalb ist viel Übung nötig!

Die wichtigste Rolle in einem Gespann hat der Kutscher, der die Zügel hält und das Gespann lenkt. Die anderen müssen in den scharfen Kurven darauf achten, dass die Räder auf dem Boden bleiben. Denn wenn das Gespann umkippt, scheidet das Team aus!

MANNSCHAFTSSPIELE MIT PFERD: HORSE-BALL UND POLO

Die Pferde oder Ponys, die bei diesen Spielen geritten werden, müssen mutig, reaktionsschnell und wendig sein.

Beim Horse-Ball versuchen die beiden Mannschaften einen Ball, an dem eine Lederschlaufe befestigt ist, in das gegnerische Tor zu werfen.

Beim Polo wird der Ball mit einem Schläger ins Tor geschossen. Die Reiter wechseln regelmäßig ihre erschöpften Pferde aus.

PFERDERENNEN

Bei Pferderennen treten Vollblutpferde gegeneinander an.
Die Zuschauer schließen Wetten ab, welches Pferd am schnellsten ist.

An der Farbe der Jacke kann man sehen, für welchen Pferdebesitzer der Jockey reitet. Während des Rennens »schwebt« er hoch über dem Sattel und macht sich so ganz leicht. Das Pferd kann jetzt lockerer und schneller laufen.

Jockey und Sattel dürfen nicht mehr als 54 kg wiegen.

Die Startboxen öffnen sich, die Pferde galoppieren los.

STEEPLECHASE UND TRABRENNEN

Die Steeplechase ist ein schweres Hindernisrennen.
Bei den Trabrennen dürfen die Pferde nur im Trab laufen.

Steeplechase bedeutet »Kirchturm-Rennen«: Früher war es üblich, die Querfeldeinrennen von einem Kirchturm zum anderen auszutragen. Die Reiter mussten Hecken und Gräben überspringen. Heute finden die Steeplechases auf Rennbahnen mit künstlichen Hindernissen statt.

An Trabrennen nehmen besonders ausgebildete Pferde teil. Sie sind vor einen leichten zweirädrigen Wagen, einen Sulky, gespannt, in dem der Fahrer sitzt. Wenn ein Pferd zu galoppieren beginnt, scheidet es aus.

SCHLITTEN

Pferde können nicht nur Kutschen, sondern auch Schlitten ziehen. Viele Schlitten werden von mehr als nur einem Pferd gezogen!

Dieses Pony zieht einen Schlitten durch den Schnee. So können in den kalten Regionen Waren über sehr weite Strecken transportiert werden.

Bei der so genannten »Troika« sind drei Pferde nebeneinander angespannt. Sie müssen alle gleichzeitig auf einen Befehl gehorchen!

FERIEN MIT PFERDEN

Ferien auf dem Reiterhof mit mehrtägigen Ausritten sind eine tolle Sache! Man kann den ganzen Tag mit Pferden zusammen sein!

Diese Reiter bleiben über Nacht draußen am Feuer.

Ist der Hang zu steil, sollte man besser absteigen.

Diese Familie macht Urlaub mit einem Wagen, der von einem Pferd gezogen wird. In dem Wagen kann man schlafen und kochen.

REITERFESTE

Einige Reiterfeste haben einen kriegerischen Ursprung.
Ob die Teilnehmer deshalb auch heute noch so laut schreien?

Beim Buskaschi aus Afghanistan muss der Reiter eine tote Ziege vom Boden aufheben und ins Ziel tragen - ohne sie sich abjagen zu lassen!

Die Fantasia ist ein arabisches Reiterspiel. Bei vollem Galopp, unter Schreien und Flintenkrachen, führen die Reiter einen Scheinangriff vor.

Register